Stephan Sigg

camino.

Stephan Sigg

KEIN PLASTIK FÜR DEN WAL

LENA kauft UNVERPACKT →

Mit Bildern von
Anna-Katharina Stahl

1. Auflage 2019

Ein camino.-Buch aus der
© Verlag Katholisches Bibelwerk, Stuttgart, 2019
Alle Rechte vorbehalten.

Illustrationen und Gesamtgestaltung: Anna-Katharina Stahl, Stuttgart
Druck und Bindung: Finidr s.r.o., Lípová 1965, 737 01 Cěský Těšín, Czech Republic
Verlag: Verlag Katholisches Bibelwerk GmbH, Silberburgstraße 121, 70176 Stuttgart

www.caminobuch.de
ISBN 978-3-96157-092-8

Inhalt

Nackte Früchte 7

Das Geheimnis des Wals 19

Mama wird sauer 35

Merkwürdige Geräusche aus dem Rucksack 43

Papas Spezial-Müsli 59

Felix' Plastikente 71

Eine Zahnbürste für den Kompost 85

Aufregung in der Schule 95

Die Blumen im Gummistiefel 115

Infomaterial 126

6

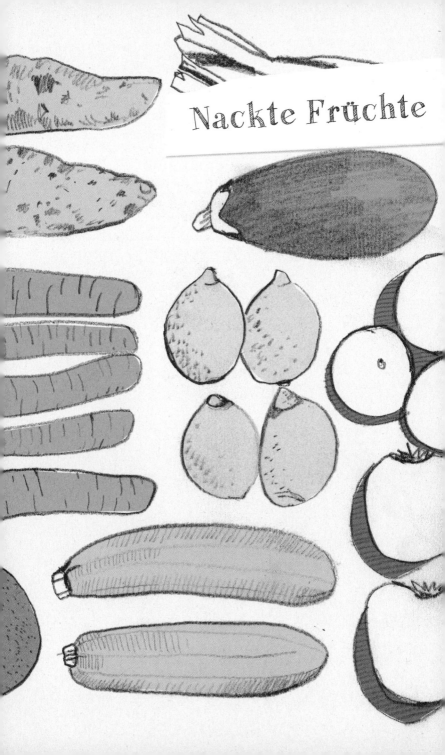

Bonbons! So viele Bonbons! Lena presste ihre
Nase gegen die Scheibe. Das große, bauchige Glas
im Schaufenster war fast bis oben an den Rand
gefüllt mit Bonbons in allen Farben: Rot, Blau,
Grün und Gelb. Lena lief das Wasser im Mund
zusammen. Von Bonbons konnte sie nie genug
bekommen.

Sonst war das Schaufenster leer. Seit wann ver-
kauften sie hier Bonbons? Ein Süßigkeiten-
paradies – und das nicht einmal vier Minuten von
der Schule entfernt! Warum hatte sich das noch
nicht herumgesprochen? Sie, ihre beste Freundin
Hannah und auch einige andere aus ihrer Klasse
kamen auf dem Weg zur Schule hier vorbei. War
hier nicht bisher ein Kleidergeschäft gewesen?
Lena hatte ihre Mama ab und zu zum Shoppen be-
gleitet. Warum fiel ihr jetzt erst auf, dass ein neues
Geschäft eingezogen war? Da war sie in letzter
Zeit wohl ziemlich verträumt unterwegs gewesen!

Eigentlich wollte sie so schnell wie möglich nach
Hause. Heute gab es Makkaroni mit Tomatensauce –
Lenas Lieblingsessen! Und das kochte Mama
höchstens einmal im Monat. Doch die Bonbons im

Schaufenster sahen so lecker aus. Ihre Hände verschwanden in den Taschen der gelben Jacke, dann durchsuchte sie ihren Rucksack. Sie zählte die Ausbeute zusammen: knapp zwei Euro. Nicht viel. Aber für ein paar Bonbons sollte es reichen. Als sie die Tür aufschob, bimmelte eine Glocke. Sie hatte den Laden größer in Erinnerung. Es roch nach Farbe.

Die weißen Wände mussten gerade neu gestrichen
worden sein. Sie waren mit Holzregalen voll-
gestellt, die bis an die Decke reichten. In der Ecke
neben der Tür befand sich ein Verkaufstresen aus
hellbraunem Holz.

„Hallo!", sie grüßte die junge Verkäuferin, die
hinter diesem Tresen stand. Ihre rötlichen Haare
waren total verstrubbelt.

Lena steuerte direkt auf das Glas mit den Bonbons
zu. Daneben lag eine Schaufel. Sie wollte schon
nach ihr greifen, da hielt sie mitten in der Bewegung inne.

Durfte man sich hier überhaupt selbst bedienen?
Wurden die Bonbons tatsächlich verkauft? Oder
waren sie einfach Dekoration?

Bonbons und andere Naschereien wurden in den
Geschäften doch immer abgepackt angeboten!
Wo waren die Tüten?

Sie wandte sich an die Verkäuferin. „Entschuldi-
gung ...", setzte sie an, aber dann erstarrte sie.
Ihr fielen beinahe die Augen heraus. Warum war
ihr das nicht gleich aufgefallen? Das war ja gar
kein Süßigkeitengeschäft!

Wo war sie hier gelandet? Im Holzgestell waren

hohe durchsichtige Glassäulen mit Zapfhähnen befestigt. Eine Frau mit langen blonden Haaren hielt gerade eine leere Glasflasche an einen von ihnen. Sie drehte am Verschluss und schon rieselte Zucker in die Flasche. Die Glassäule links von ihr war mit Nudeln gefüllt. In der nächsten steckten Nüsse und in der Säule ganz links entdeckte sie Reis. Insgesamt zählte Lena zehn Säulen. Sah das witzig aus!

Sie stellte sich vor, wie sie mehrere Zapfhähne öffnete und gleichzeitig Reiskörner, Mehl und Körner heraussprudelten, alle durcheinander ...

„Von den Bonbons? Wie viele möchtest du?", hörte Lena plötzlich eine Stimme.

Sie hatte die Verkäuferin total vergessen!

„Ich habe nur zwei Euro", erklärte Lena, „Aber ...", diese Frage war jetzt eindeutig dringender als die Bonbons: „Aber was ist das für ein Geschäft?"

Die Verkäuferin schmunzelte. „Bist du zum ersten Mal hier? Bei uns sind die Lebensmittel nackt."

Lena hätte beinahe losgeprustet. Nackt?

„Wir sind der erste verpackungsfreie Supermarkt in der Region", erklärte die Frau, „bei uns kann man alles ganz ohne Verpackung einkaufen."

Wollte die Verkäuferin sie auf den Arm nehmen?

Lena blickte sich im Laden um. Es gab hier fast so viele Lebensmittel wie im Supermarkt beim Bahnhof, wo sie mehrmals in der Woche mit ihrer Mama einkaufte: Auf einem langen Tisch standen geflochtene Körbe mit Gemüse und Früchten.

Auf einem Tablar standen Gläser, die mit Honig und Konfitüre gefüllt waren. Doch nichts war mit Papier, Karton, Alu oder Plastik verpackt, wie das in anderen Geschäften üblich war. Keine Chipstüten, keine Konserven mit Ravioli oder Mais und auch keine Tetrapacks mit Milch oder Ice-Tea.

Hinter dem Verkaufstresen hing ein Plakat mit einer Walzeichnung. Was hatte der Wal hier verloren?

Die blonde Frau, die sie vorhin bei der Zuckersäule beobachtet hatte, stellte die gefüllte Flasche auf die Waage neben der Kasse.

Als sie bezahlt hatte, waren Lena und die Verkäuferin allein.

„Wir verbrauchen so viele Verpackungsmaterialien",
sagte die Verkäuferin. „Mit meinem Geschäft will
ich zeigen, dass es auch anders geht. Ganz ohne
Verpackung!"

„Aber wie transportiert man die Einkäufe nach
Hause?" Lena hatte nirgendwo Behälter entdeckt.
Sollte man Reis, Zucker und die Spaghetti einfach
in den Rucksack schütten? Das würde ein irres
Durcheinander geben! Sie stellte sich Mamas Ge-
sicht vor, wenn sie mit solch einem Rucksack zu
Hause ankam. Dieser Gedanke brachte Lena zum
Schmunzeln.

„Das ist ganz einfach: Wer bei uns einkauft, bringt
Behälter von zu Hause mit und füllt sie hier auf."
Sie griff unter die Theke und zog eine kleine Kartonschachtel hervor. „Du kannst die Bonbons hier
reintun. Aber nur, wenn du die Schachtel wieder
zurückbringst! Die kann man nämlich wiederverwenden."

Lena nickte.

„Du musst bald mal mit deiner Mama vorbeikom-
men", sagte die Verkäuferin. „Ich erzähle euch gerne
mehr über mein Geschäft."

Lena legte die Münzen auf den Tresen. Eigentlich

wäre sie gerne ein bisschen geblieben und hätte alles genauer unter die Lupe genommen ...

„Aber ich muss dringend nach Hause! Mama macht sich bestimmt schon Sorgen", erklärte sie. „Vielleicht kann ich Mama überreden, heute nochmals mit mir vorbeizuschauen."

Lecker! Als sie zu Hause die Tür öffnete, steckte schon das letzte Bonbon in ihrem Mund – und auch das hatte sie fast komplett weggelutscht.

„Na endlich!", rief Mama.

Lena warf den Rucksack auf den Boden und rannte in die Küche: „Du kannst dir gar nicht vorstellen ..."

Auf dem Tisch warteten schon die Teller mit den Makkaroni.

„Setz dich", befahl Mama, „sonst werden sie kalt."

„In ... Stadt gibt es ... Geschäft ohne Ver ...ungen!", schmatzte Lena.

Mama schüttelte den Kopf: „Man spricht nicht mit vollem Mund!"

Lena ließ sich nicht bremsen. „Man muss seine eigenen Behälter mitbringen. Verpackungen gibt es keine." Sie beschrieb die Zapfsäulen. Warum hatte sie die nicht gleich mit ihrem Handy fotografiert?

Doch Mama war gar nicht so überrascht, wie es Lena erwartet hatte.

„Ich habe schon davon gehört", sagte sie. „Eine Kollegin bei der Arbeit hat davon berichtet."

Was? Lena sah sie entgeistert an. Das war doch die Sensation des Jahres! Warum hatte sie zu Hause kein Wort darüber verloren? Sonst erzählte sie auch fast pausenlos, was ihre Kolleginnen alles erlebten. Das wäre ausnahmsweise mal spannend gewesen!

„Gehen wir heute noch dort vorbei?", bat Lena. „Dann siehst du selbst, wie abgefahren das ist."

Mama zuckte mit den Schultern. „Ich weiß nicht. So viel Verpackung fällt bei uns ja nicht an! Wir trennen den Abfall schon ziemlich konsequent. Und wir nehmen immer die Stoffbeutel mit in den Supermarkt."

Mama hatte doch gar keine Ahnung!

„Dieses Geschäft ist viel cooler als der Supermarkt, die Verkäuferin ist echt nett! Und ich muss ihr dringend die Schachtel zurückbringen ..." Lena biss sich auf die Lippen. Doch zu spät, Mama blickte sie neugierig an.

Mist, warum war ihr das herausgerutscht? Wenn

Mama etwas überhaupt nicht ausstehen konnte,
war es die Nascherei kurz vor dem Essen. Selbst
Papa erlebte immer ein Donnerwetter, wenn
Mama ihn vor dem Abendessen mit einer Schoko-
lade oder Kracker erwischte.

„Es waren nur drei", sagte Lena schnell. „Die Bonbons
sahen einfach so lecker aus. Wenn du sie im Laden
siehst, wirst du mich verstehen."

Mama seufzte. „Das ist doch bloß wieder so ein
Versuch. Ich kann mir nicht vorstellen, dass so ein
Geschäft funktioniert."

„Warum soll das nicht funktionieren?", blaffte
Lena.

Warum musste Mama immer so kompliziert sein?
Eben war Lena noch so glücklich gewesen, weil
das Geschäft sie so begeistert hatte – und jetzt
fühlte sie sich wie eine Colaflasche, die man zu
fest geschüttelt hatte.

Wenn man den Verschluss nur leicht öffnete ...

„Es ist einfach unpraktisch", sprach Mama weiter.
„Man muss alle Behälter mitnehmen. Und dann
muss man auch noch alles selber einfüllen. Wer
hat schon so viel Zeit?"

Jetzt platzte Lena der Kragen.

„Immer muss du rumnörgeln! Ich habe das so satt."
Sie schmiss die Gabel neben den Teller. Der Appetit
war ihr vergangen. Sie rannte aus der Küche.
Mit einem lauten Rums warf sie ihre Zimmertür
hinter sich zu. Typisch Mama! Selbst wenn die
mal eine Million im Lotto gewann, würde sie sich
sofort über tausend Dinge den Kopf zerbrechen,
anstatt vor lauter Begeisterung Luftsprünge zu
machen.

Sie klaubte ihren Zeichenblock und die Farbstifte
vom Tisch und machte es sich auf ihrem Bett
gemütlich. Wenn Mama sich weigerte, mit ihr dort
hinzugehen, machte sie halt eine Zeichnung von
diesem coolen Geschäft!
„Morgen erzähle ich allen in der Schule davon",
ging ihr durch den Kopf, während sie das Glas mit
den bunten Bonbons zeichnete. Der Farbstift
wirbelte über das Blatt. Ihre Klasse würde Augen
machen. Und alle wären sofort von diesem neuen
Geschäft genauso begeistert wie sie. Da war sie
sich sicher. Mehr als hundert Prozent.

DAS GEHEIMNIS des Wals

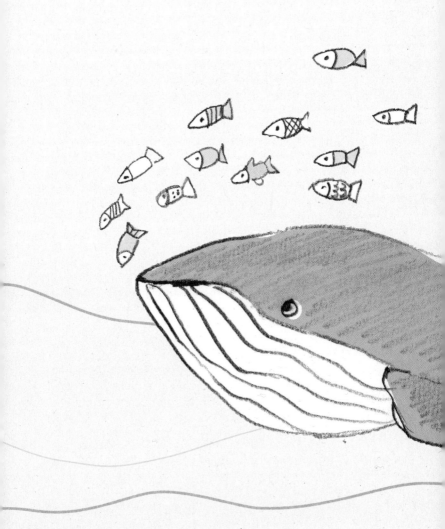

Auf dem Schulhof kriegten sich die Kinder kaum mehr ein, so heftig mussten sie über Lenas Geschichte lachen.

Lena kochte vor Wut. Sie verstand die Welt überhaupt nicht mehr. Sie hatte es kaum erwarten können, in der Pause ihrer Klasse die Sache mit diesem nigelnagelneuen Geschäft rumzuposaunen. Aber keiner nahm sie ernst. Sie ließen sie nicht einfach mal fertig erzählen.

„Nacktes Gemüse?", fuhr ihr Hannah ins Wort und konnte sich das Schmunzeln nicht verkneifen.

„So ein Quatsch!", rief Laura. „Du führst uns an der Nase herum."

Jetzt fingen sie sogar an, Witze über Lena zu reißen: Du hast alles nur geträumt! Deine Oma hat dir zu viele Märchen erzählt! Du kannst vor lauter Zeichnen nicht mehr Träumereien von der Wirklichkeit unterscheiden!

„Ich gehe nach der Schule gleich mit meinem Rucksack vorbei und stopfe ihn komplett mit Spaghetti voll!", rief Marie und kicherte.

Die anderen klatschten begeistert.

Doch Felix hatte eine noch viel verrücktere Idee.

„Ich halte in diesem Geschäft einfach meinen Kopf

unter einen dieser Zapfhähne, mache den Mund
ganz weit auf und dann rauschen mir alle Süßig-
keiten direkt in den Rachen. Yammi!"

Als sie nach der Pause wieder im Klassenzimmer
waren, kramte Lena in ihrem Rucksack und nahm
die kleine Kartonschachtel hervor, die ihr die
Verkäuferin gestern ausgeliehen hatte. Sie hielt sie
in die Höhe, damit sie alle sehen konnten.
„Ich bringe sie nach der Schule ins Geschäft zu-
rück. Ihr könnt gerne mitkommen, dann werdet
ihr sehen, dass ich recht habe!"
Doch die anderen prusteten gleich wieder los.
„Glaubst du echt, wir fallen auf diesen Scherz
herein?", rief Felix. „Das ist doch nur eine gewöhn-
liche Schachtel."
Zum Glück trat in diesem Moment Herr Till ins
Zimmer und sorgte für Ruhe.
„In einer Woche starten wir mit euren Referaten",
sagte er. „Haben sich schon alle ein Thema überlegt?"
Oh je, total verschwitzt! Lenas Herz plumpste
in die Hose. Selbst die größte Spinne machte
ihr nichts aus und auch vor einem Sprung vom

21

Drei-Meter-Sprungturm bekam sie keine weichen Knie. Aber vor der ganzen Klasse stehen und ein Referat halten? Es gab für sie nichts Schlimmeres. Schon allein beim Gedanken daran wurde sie so nervös, dass es in ihren Ohren laut rauschte und sie gar nicht mehr mitbekam, was Herr Till oder die anderen Kinder sagten. Sie sah nur noch, wie Herr Tills Mund auf und zu ging wie bei einem Fisch.

„... Daggy Bee!", drang plötzlich Hannahs Stimme durch das Rauschen durch.

„Hä?", machte Lena und sah sie verwirrt an. Was war mit Daggy Bee? War sie hier? Da schnallte sie es: Hannah wollte ein Referat über ihre Lieblings-YouTuberin machen. Wäre sie doch auch nur ein bisschen wie Hannah! Die fühlte sich sogar pudelwohl, wenn sie wieder mal vorne stehen durfte und alle ihr zuhören mussten. Im Frühling hatte sie sogar bei einem Redewettbewerb mitgemacht – da waren hundert Personen im Saal gesessen. Hannah war auch eine, die ständig Fragen stellte. So viele Fragen, dass es Lena manchmal peinlich wurde. Und wenn sie eine Antwort nicht überzeugte, dann ließ sie nicht locker und fragte immer weiter und weiter.

Erst jetzt merkte sie, dass alle sie ansahen – die Augen der ganzen Klasse und auch die von Herrn Till waren auf sie gerichtet.

„Und was ist dein Thema?", fragte er. „Oder ist es so geheim?"

Alle kicherten.

Sie lief knallrot an. „Nein, ich ..." Sie blickte hilfesuchend zu Hannah. „... Plastik!", rutschte es ihr heraus.

PLASTIK

„Ein spannendes Thema", lobte Herr Till sie und notierte es auf seinem Block.

„Plastik?", raunte Hannah ihr zu. „Wie kommst du denn auf das?"

Mist, warum war ihr nichts anderes eingefallen? Über dieses Thema wusste sie ja kaum Bescheid.

„Lena ist Plastikexpertin!", johlte Felix.

Lena zeigte ihm den Vogel.

„Hier ist es!", rief Lena, als Hannah und sie um die Ecke bogen. Sie zeigte triumphierend zur Glastür. Sie hatte fast ein bisschen gefürchtet, dass sich der Laden über Nacht in Luft aufgelöst hatte – oder dass sie sich tatsächlich alles nur eingebildet hatte. Wenigstens Hannah hatte sich überreden lassen, Lena nach der Schule zum Geschäft zu begleiten und sich selber zu überzeugen, dass es dieses wirklich gab.

Heute war die Verkäuferin allein im Laden. Sie erkannte Lena sofort wieder. „Haben die Bonbons geschmeckt?"

Lena nickte.

„So etwas habe ich noch nie gesehen", staunte Hannah. „Das ist ja echt abgefahren." Sie ging zum Regal mit den Zapfsäulen und betrachtete sie genauer.

Die Verkäuferin seufzte. „Hoffentlich sehen das auch bald ganz viele Erwachsene so. Hast du deiner Mama davon erzählt?"

Lena schnitt eine Grimasse. Besser, sie dachte nicht mehr an das Gespräch von gestern Mittag!

„Die ist irre kompliziert! Und sie hat gemeint, dass wir gar nicht so viel Verpackung verursachen."

Die Verkäuferin verdrehte die Augen. „Hat sie schon einmal den Inhalt von euren Abfallsäcken genauer angeschaut? Zack und sie wird ihre Meinung ändern ...“

„Was hat denn der Wal hier verloren?“, rief Hannah plötzlich. Sie zeigte auf das große Plakat an der Wand.

Stimmt, darüber hatte Lena gestern zu Hause beim Zeichnen auch gerätselt.

Die Verkäuferin lächelte. „Eine Urlaubserinnerung.“

Hannah riss die Augen auf. „Du warst im Urlaub mit den Walen schwimmen?“

Typisch Hannah, nur die kam auf die Idee, Erwachsene zu duzen!

Doch die Verkäuferin hatte kein Problem damit: „Ich heiße Patrizia.“ Sie lachte. „Nein, Wale habe ich in meinem Urlaub keine gesehen. Ich habe zwei Wochen auf einer Insel im Atlantik verbracht. Das Hotel war einfach wunderschön, alles vom Feinsten. Abends, wenn es nicht mehr so heiß war, bin ich immer zu Fuß am Strand spazieren gegangen. Eines Abends bin ich plötzlich über etwas gestolpert. Eine gelbe Flasche – so eine, mit der bei uns Speiseöl verkauft wird. Total zerknautscht

steckte sie im Sand. Erst da fiel mir auf, wie viel
Abfall rumlag. Im Sand, im Wasser … Das sah
einfach schrecklich aus. Ich wurde total sauer und
habe mich sofort im Hotel beschwert. Die können
doch nicht einfach den Müll ins Meer werfen!
Die Frau an der Rezeption hat erklärt, dass der
Müll nicht vom Hotel stammt, sondern vom
Meer angespült wird. Ich habe ihr das nicht abge-
nommen und bestand darauf, mit ihrem Chef zu
sprechen. Aber als ich im Zimmer war, habe ich
angefangen, auf dem Smartphone nachzuforschen:
Dieser Müll im Meer stammt tatsächlich aus
der ganzen Welt. Aus Europa, aus Amerika, aus
Asien – überall gibt es Menschen, die ihren Abfall
einfach in der Natur liegen lassen. Sie denken:
Ist doch nur eine einzige Flasche! Das macht nicht
viel aus.
„Aber sorgen nicht die Mitarbeiter der Stadt im
Park für Ordnung?", warf Hannah ein – sie konnte
wieder mal nicht aufhören, Fragen zu stellen.

„So viel kannst du gar nicht sauber machen", erwiderte die Verkäuferin. „Aber was noch viel
schlimmer ist: Große Schiffe voll mit Müll werden

um die ganze Welt geschickt, damit man den ganzen Abfall los hat. Dafür bezahlen wir viel Geld. Und die, die den Müll zu sich nehmen, wissen auch nichts damit anzufangen. Deshalb schmeißen sie ihn einfach auf offene Müllkippen, von wo er einfach fortgeweht wird – bis ins Meer. Die Meere wurden in den letzten Jahren immer mehr zu gigantischen Müllhalden."

Hannah deutete auf den Wal: „Eigentlich wollte ich nur wissen, warum ..."

Lena nickte. Die Verkäuferin hatte viel erzählt, aber eine Antwort auf Hannahs Frage hatte sie nicht gegeben.

„Die Tiere im Meer leiden besonders unter dem ganzen Müll. Sie schlucken den Abfall, der sich im Wasser befindet."

Lena verzog das Gesicht.

Doch Hannah war skeptisch: „Sind die wirklich so blöd, eine ganze Flasche einfach so runterzuschlucken?"

„Schau dir mal das Plakat genau an! Wale haben ein so großes Maul. Die bekommen gar nicht mit, was ihnen das Meerwasser alles ins Maul spült", erklärte Patrizia, „und die kleinen Fische, die schlucken winzige Kunststoffteile. Davon bekommen sie nicht nur Bauchschmerzen, manche sterben sogar daran. Und der Rest sinkt auf den Meeresgrund oder treibt im Wasser dahin. Eine fürchterliche Umweltverschmutzung."

Fürchterlich! Lena ballte ihre Hände zur Faust.

„Räumt denn da niemand auf?", fragte Hannah.

„Es gibt schon ein paar Menschen, die sich darum kümmern", sagte Patrizia, „aber auch wenn sie rund um die Uhr Plastik einsammeln würden, es kommt ständig neues dazu." Sie hielt kurz inne, dann fiel ihr wieder ein, was sie eigentlich erzählen wollte: „Als ich nach dem Urlaub wieder zu Hause war, habe ich angefangen, weiter nachzuforschen. Ich habe gemerkt, was Kunststoff alles anrichtet. Und täglich kommt noch mehr dazu! Irgendwann habe ich dann den Entschluss gefasst: Ich lebe ganz ohne Verpackungen!"

„Aber wie soll das gehen?", warf Hannah ein.

Auch Lena konnte sich das kaum vorstellen.

„So leicht ist es wirklich nicht", gab die Verkäuferin zu. „In den Supermärkten sind fast alle Produkte verpackt. Mit Papier, Karton, Plastik, Alu. Und manchmal sind sie sogar noch mehrfach verpackt!"

Lena fiel gleich ein aktuelles Beispiel ein: Vorgestern war sie mit Papa im Getränkemarkt gewesen. Sie hatten sechs Tetrapack Fruchtsaft gekauft. Der Sechserpack war zusätzlich mit Plastik eingewickelt gewesen.

Patrizia nickte. „Dabei kann doch schon ein Kindergartenkind bis Sechs zählen!"

Die beiden Mädchen grinsten.

Patrizia fuhr fort: „Ich habe eine Menge Läden besucht, aber nirgends konnte ich komplett ohne Verpackung einkaufen. Aber ich lernte immer mehr Menschen kennen, die wie ich auch genug hatten von dieser Plastiklawine. Und irgendwann habe ich mir gesagt: Wenn es kein verpackungsfreies Geschäft gibt, dann muss ich eben eines eröffnen!" Sie zeigte auf das Plakat. „Ein Maskottchen musste ich natürlich nicht lange suchen."

Hannah sah Lena aufgeregt an: „Warum hältst du dein Referat nicht darüber?"

„Welches Referat?", fragte Patrizia.

Lena winkte ab. Bloß nicht darüber sprechen.

„Das bringt doch nichts. Unsere Klasse hat mich schon ausgelacht, als ich von diesem Geschäft erzählt habe. Wenn ich jetzt auch noch mit einem

Wal komme, dann glauben die, ich hätte eine Schraube locker."

„Warum lädst du deine Klasse nicht einfach in mein Geschäft ein?", schlug Patrizia vor, „und dann hältst du das Referat gleich hier. Platz haben wir ja hier genug ..."

„Das ist eine coole Idee!", rief Hannah. „Herr Till wird total verblüfft sein."

Nie im Leben! Da würde sie vorher als Känguru verkleidet am Samstagnachmittag durch die Fußgängerzone spazieren. Wenn die Verkäuferin zuhörte, wäre es eine Person mehr, vor der sie sich blamierte, weil sie die ganze Zeit rumstotterte, ihr Gesicht tomatenrot war und sie alle Informationen durcheinanderschleuderte wie eine Waschmaschine.

Hannah sah auf die Uhr. „Schon so spät! Ich muss los. Ich habe um vier Geigenstunde."

Die Mädchen gaben Patrizia die Hand und flitzten hinaus.

„Viel Erfolg bei deinem Referat", rief Patrizia Lena hinterher. „Wenn du Hilfe brauchst, komm einfach vorbei."

„Die Sache mit dem Müll und den Fischen", murmelte Hannah, als sie bei der Ampel warteten, „ist das nicht krass? Und keiner unternimmt was dagegen!"

Auch Lena war empört. Die Fische konnten doch gar nichts dafür! Nur weil die Menschen die Sache mit dem Müll nicht im Griff hatten!

„Da hat man auch gar keine Lust mehr, im Meer zu baden", sagte Lena. Und dabei hatte Papa vorgeschlagen, in den nächsten Sommerferien ans Meer zu fahren!

„Wir müssen die Fische retten! Wir können doch nicht einfach zusehen, wie immer mehr Plastik in den Meeren landet."

„Aber wir sind doch nur Kinder! Was sollen wir da schon bewirken?", erwiderte Hannah.

Das stimmte natürlich. Aber sie konnten doch jetzt nicht einfach weitermachen wie bisher und so tun, als hätten sie Patrizias Berichte nie gehört.

Lena knabberte an ihren Lippen. „Ich werde auf Plastik verzichten!"

Hannah hatte eine bessere Idee: „Wenn du dein Referat über diesen Laden hältst, dann kannst du vielleicht ein paar in unserer Klasse motivieren,

ohne Plastik auszukommen. Dann sind es schon
ein paar mehr."
Da hatte Lena ihre Zweifel. „Ich krieg es nicht mal
auf die Reihe, meine Mutter zu überzeugen." Sie
dachte an das Gespräch mit Patrizia. Was hatte sie
über den Müllsack gesagt? Plötzlich dämmerte
es ihr. Es gab eine ganz eine einfache Möglichkeit,
Mama zum Umdenken zu bewegen …

34

„Was soll das?", entfuhr es Lenas Mama. Vor Überraschung glitt ihr beinahe die Post aus den
Händen. Sie stand im Türrahmen und betrachtete
mit offenem Mund den Küchentisch – oder zumin-
dest das, was noch von ihm zu sehen war. Lena
hatte den Müllsack durchsucht, alle Verpackungen
hervorgekramt und auf dem Tisch ausgebreitet.
Fast der ganze Sack war damit gefüllt gewesen!
So viel Müll verursachten sie. So viel. Nur die
Kompostbox mit den Früchteschalen stand noch
unter der Spüle. Sie hatte sie nicht angerührt –
die hatten so eklig gerochen. Auf dem Tisch lagen
mehrere Plastikjoghurtbecher – einer war sogar
noch halb mit Erdbeerjoghurt gefüllt – ganz viel
durchsichtige Plastikfolie, ein größeres Stück
Alufolie, ein T-Shirt von Papa, das sich beim Waschen
verfärbt hatte, die Reste der Pizza von vorgestern
Abend und vieles, das Lena nicht eindeutig zuord-
nen konnte.
Mama schien noch immer nicht entschieden zu
haben, ob sie toben oder weinen sollte.
„Bist du verrückt geworden?", schimpfte sie. „Und
wie du aussiehst!"
Lena blickte an sich herunter. Ihre Hände waren

schmutzig, ihre Nägel hatten braune Ränder, auf ihrem T-Shirt prangten dunkle Flecken.

Mama legte die Post auf den Küchenstuhl. Sie ging zum Fenster und riss es auf. „Es riecht ja schrecklich hier." Sie hielt sich die Nase zu.

„Und es sieht noch viel schrecklicher aus!", entgegnete Lena. Während sie auf Mama gewartet hatte, hatte sie mit ihrem Handy Fotos vom Mülltisch gemacht.

„Du gehst jetzt sofort ins Bad und ziehst dir danach etwas Frisches an."

Doch Lena wollte vorher noch etwas Wichtiges klären: „Wollen wir nicht versuchen, möglichst wenig Müll zu verursachen? Oder was ich noch besser finden würde: Wir leben am besten gleich ganz verpackungsfrei!"

„Warum bist du jetzt plötzlich so auf dieses Thema fixiert?", entgegnete Mama. Sie dachte kurz nach. „Wir geben uns doch seit Jahren Mühe, den Müll zu trennen. Andere verschwenden keinen Gedanken daran. Im Büro haben wir eine Mitarbeiterin, die ..."

Lena zeigte auf den Tisch: „Aber schau dir doch mal den Tisch an. All dieser Plastik landet im Meer.

Die Fische müssen ...“

„So ist das nun mal“, beharrte Mama. Sie klaubte unter der Spüle zwei gelbe Handschuhe hervor – auch diese waren aus Plastik, „es geht nicht ohne Abfall.“

„Woher willst du das wissen?“, ließ Lena nicht locker, „du hast es ja noch gar nie versucht!“

„Das müssen wir gar nicht erst versuchen, ich weiß schon jetzt ...“

„Was ist denn hier los?“ Papa stand in der Tür und sah verwirrt zwischen den beiden hin und her. „Ist der Müllsack geplatzt?“

Mama verdrehte die Augen und erzählte, was passiert war.

Papa hörte mit ernstem Gesicht zu, aber Lena konnte ihm deutlich ansehen, dass er sich extrem Mühe geben musste, um nicht zu schmunzeln. Als Mama Luft holte, wiederholte Lena schnell ihren Wunsch: „Ich will, dass wir jetzt ohne Verpackungen leben.“

„Lena!“, fauchte Mama, aber Papa ging dazwischen: „Warum nicht? So dumm ist die Idee doch gar nicht.“ Mama sah Papa an, als hätte er verkündet, dass er auf den Mars ziehen wollte.

Aber Papa ließ sich von diesem Blick nicht beeindrucken. „Warum lassen wir uns nicht auf dieses Experiment ein? Wenn es Lena so wichtig ist, dann können wir es doch mal ausprobieren."

Vor Begeisterung ballte Lena ihre Hände zu Fäusten. Ihr Papa war so was von cool!

„Eine Woche lang kein Müll", sagte Papa. „Aber dafür kümmerst du dich um die Einkäufe. Abgemacht?"

Lena nickte eifrig.

„Und wenn es nicht funktioniert", ergänzte Papa und sah zu Mama, „dann sprechen wir nie wieder darüber."

Mama wirkte alles andere als überzeugt. „Jetzt seid doch mal vernünftig: Wie soll das funktionieren?"

Jetzt verdrehte Lena die Augen. War Mama so schwer von Begriff? Sie hatte ihr doch schon alles genaustens erklärt: „Ich mache es wie die anderen in diesem Geschäft: Ich nehme Gläser und Behälter mit und fülle sie dort ab. Und vieles muss man sowieso nicht einpacken: Möhren, Salat – das kann man ohne Verpackung mit nach Hause nehmen."

Papa nahm Mama in den Arm: „Du hast doch diese Woche in der Firma so viel zu tun. Trifft sich

doch gut, wenn Lena das Einkaufen übernimmt!"
Darauf wusste auch Mama nichts mehr zu sagen.
1:0 für Lena! Sie strahlte über das ganze Gesicht.
Es konnte losgehen!
Papa deutete zum Tisch: „Aber jetzt räumst du
diesen Müll weg, und zwar dalli. Sonst dreht sich
bei mir noch der Magen um."
Wie auf Kommando drückte Mama ihr die gelben
Plastikhandschuhe in die Hände und gleich darauf
den Müllsack. Vorsichtig fing Lena an, den Müll
vom Tisch zu klauben. Sie hatte es geschafft – das
Experiment würde stattfinden! Mama und Papa
würden noch Augen machen. Sie zeigte ihnen in
den kommenden Tagen, wie kinderleicht es war,

verpackungsfrei zu leben. Aber ihr Herz klopfte ganz schnell. Irgendwie war ihr auch etwas mulmig. Hatte sie sich das gut überlegt? Worauf hatte sie sich da eingelassen? Dieses Experiment musste ein Erfolg werden – unbedingt! Das war jetzt so wichtig wie für eine Fußballmannschaft, die es bis ins Finale geschafft hatte, Fußballweltmeister zu werden.

MERKWÜRDIGE GERÄUSCHE aus dem Rucksack

„Ich stand vor der Klasse und wollte mit dem Referat beginnen ...", erzählte Lena, bevor sie einen Schluck von ihrem Kakao nahm. Sie war noch immer ziemlich benommen. Nicht einmal beim Schlafen hatte sie Ruhe vor diesem blöden Referat! „Doch in diesem Moment habe ich gemerkt, dass nicht meine Klasse im Klassenzimmer saß, sondern viele berühmte Schauspieler und Sänger! Namika hat mich total ernst angesehen und Justin Bieber hatte immer wieder die Augen verdreht ..."
Gerade als er ihr eine Frage stellen wollte, war sie aufgewacht.

„Hast du nicht was vergessen?", fragte Mama,
als Lena im Flur in die gelbe Jacke schlüpfte.
Lena runzelte die Stirn. Heute war doch kein Sport …
Mama deutete auf die Anrichte neben dem Herd.
Dort standen mehrere durchsichtige Glasflaschen,
Glasdosen und eine Box aus Aluminium.

„Mist!", dachte Lena. „Das Experiment!"

„Ich hätte nie gedacht, dass in unseren Schränken so viele Behälter rumstehen", sagte Mama.

„Ich hole das nach der Schule ab", erklärte Lena.

„Das ist doch ein unnötiger Umweg. Es passt sicher alles in deinen Rucksack. Und den Rest kannst du in einen Stoffbeutel stecken. So schwer ist das gar nicht."

Lena grummelte. Sie hatte echt keine Lust, das ganze Zeug in die Schule zu schleppen. Aber besser nicht widersprechen! Nicht, dass ihre Mama am Ende doch noch einen Rückzieher machte und das Experiment abgebrochen wurde, bevor es richtig losging.

Zum Schluss drückte Mama ihr den Einkaufszettel in die Hand. „Und ja nichts vergessen!"

Die Behälter in ihrem Rucksack und der Tasche schepperten und klimperten wie ein Schüler-orchester, das zum ersten Mal probte. Auch wenn sie ganz langsam ging und darauf achtete, keine unnötige Bewegung zu machen, konnte sie es nicht verhindern, dass bei jedem Schritt die Gläser aneinanderstießen. Sie fühlte sich wie eine Kuh auf dem Feld, die mit ihrer Glocke schon von Weitem zu hören war.

Kurz vor der Schule kreuzte Felix auf. Er ging eine Weile neben ihr her und beobachtete sie neugierig.

„Was hast du denn heute alles dabei? Will euer Geschirr auch rechnen lernen?"

Sie tat so, als hätte sie ihn nicht gehört. Zum Glück wartete vor der Schule schon Hannah auf sie.

„Was hast denn du heute alles dabei?"

Im Klassenzimmer stellte sie den Rucksack und die Tasche vorsichtig unter den Tisch.

„Was klirrt denn so?", wunderte sich Herr Till.

„Lena geht mit ihrem Geschirr Gassi!", verkündete Felix.

Alle lachten laut.

„Pst!", machte Herr Till, doch niemand hörte auf ihn.

„Lena will nach der Schule in den verpackungs- freien Supermarkt", erklärte Hannah, „wegen ihres Referats."

„Ihr Referat wird sicher mega witzig!", freute sich Sarah, die hinter Lena saß.

„Von wegen!", platzte Hannah heraus. „Ihr werdet ziemlich schockiert sein, wenn ihr erfahrt, was Plastik anrichtet." Sie erzählte, was sie gestern im

verpackungsfreien Geschäft gehört hatte. „So viel Kunststoff im Meer! Die Fische müssen Plastik fressen."
Felix prustete los. „Mit Salz oder mit Zucker? Habt ihr nicht etwas durcheinandergebracht? Es wirft doch niemand Plastik ins Meer."
„Du hast ja keine Ahnung!", warf Hannah ein.
Doch Felix hörte ihr nicht zu: „Ich habe vor Kurzem mit Papa eine Sendung im Fernsehen gesehen. Da haben sie gezeigt, dass heute die meiste Verpackung recycelt werden kann. In riesigen Hallen werden die Plastikflaschen eingeschmolzen, dann wieder neue daraus gemacht. Das geht immer im Kreis. Da landet nichts im Meer ..."

„Nichts? Es sind unzählige Tonnen! Und das jeden Tag!", widersprach Hannah.
Woher hatte sie denn diese Zahlen? „Habe ich auf YouTube entdeckt", fügte sie hinzu.
Doch Tim gab nicht auf: „Die

Natur ist doch viel stärker! Die geht doch wegen ein bisschen Plastik nicht kaputt. Wenn das lange genug im Meer ist, wird es sicher immer kleiner und irgendwann zersetzt es sich. Wie bei Bananenschalen."

Das konnte man doch nicht miteinander vergleichen!

Herr Till begann, ein Arbeitsblatt zu verteilen und bat um Ruhe.

Lena stupste Hannah an. „Danke."

Wenigstens Hannah war auf ihrer Seite.

„Auch wenn ich ihnen alles ganz genau erkläre, werden sie mir nicht glauben", sagte Lena zu ihrer Freundin, als sie das Schulhaus verließen. Sie konnte schon deutlich vor sich sehen, wie alle sie auslachten, weil sie sich solche Sorgen um die Fische machte.

„Bei mir ist es dir auch gelungen!", erwiderte Hannah.

Das war etwas anderes – Hannah war ihre beste Freundin und sie war neugierig!

Hannah hatte eine Idee: „Warum malst du nicht einfach Bilder? Letztes Mal waren doch auch alle so beeindruckt." Für ihr letztes Referat hatte sie

49

zehn Zeichnungen gemacht und diese der Reihe nach gezeigt. Sie hatte kaum etwas erklären müssen, weil alle wichtigen Informationen auf den Bildern zu sehen waren. Herr Till hatte sie für die Bilder gelobt, aber ihr dann doch einen Abzug gegeben, weil sie während des ganzen Referates nur zwei Sätze gesagt hatte.

„Du könntest auch Fotos zeigen. Oder ein Video."

„Dann behaupten sie, es wäre gefälscht. Ich müsste mit ihnen direkt ans Meer fahren." Aber das war natürlich total ausgeschlossen. Wer sollte das bezahlen?

Hannah zog ihr Handy aus der Jackentasche und wischte herum. Da hellte sich ihr Gesicht plötzlich auf: „Vielleicht müssen wir einfach ..."

Doch da hupte es. Hannahs Mama winkte ihnen aus dem Auto zu.

„Willst du mitfahren?", bot Hannah an.

Lena hielt die Tasche in die Höhe. „Ich muss doch zu Patrizia."

„Großeinkauf!", verkündete Lena, nachdem sie auf Patrizias Tresen alle Gläser und Behälter ausgebreitet hatte.

„Haben deine Eltern noch immer Schiss vor meinem Geschäft?", fragte Patrizia.

Lena erzählte von ihrem Experiment.

Patrizia staunte.

Lena kramte in ihrer Hosentasche nach dem Einkaufszettel und faltete ihn auseinander. Eine so lange Liste! Hoffentlich hatte sie genügend Behälter mitgebracht ...

„Dann kannst du bei deinem Referat berichten, was du bei deinem Experiment alles erlebt hast."

„Wenn das so einfach wäre ... Du kennst meine Klasse nicht!" Ihr fiel ein, was Felix von sich gegeben hatte: „Stimmt es, dass heute das meiste Plastik recycelt wird?"

Patrizia seufzte. „Das denken viele. Natürlich lässt sich die Umweltverschmutzung so reduzieren. Viele entsorgen Plastik korrekt, sodass es beim Recycling landet und anschließend wiederverwendet werden kann. Aber es lassen sich noch nicht alle Arten von Plastik recyceln. Und sowieso: Recycling braucht Energie. Das tut der Umwelt auch nicht gut."

Lena betrachtete den Rucksack und die beiden Stoffbeutel. Sie waren bis oben gefüllt. Und wahn-

sinnig schwer! Wie sollte sie die ganz allein nach
Hause tragen?

Die Tür ging auf. Wuff, Wuff. Ein kleiner brauner
Hund flitzte herein. Er rannte direkt auf Lena zu
und sprang an ihr hoch. Sie lachte laut auf. Der
Hund kam ihr sehr bekannt vor. War das nicht ...?
Da betrat die Nachbarin, die im Haus auf der
anderen Straßenseite lebte, das Geschäft.

„Wir kennen uns doch!", begriff die alte Frau sofort.
„Wie heißt du denn?"

Obwohl sie so lange schon nebeneinander wohnten,
hatten sie noch kein einziges Mal miteinander
gesprochen. Lena sah die beiden jeden Morgen
beim Gassigehen.

„Das ist Lena", sagte Patrizia, „Lena ist bald eine
richtige Plastikexpertin."

„Ich heiße Renata", stellte sich die Nachbarin vor,
„und das ist Molly."

Molly ließ nicht von Lena ab. Ihre Hände waren
schon ganz nass, so heftig schleckte er sie ab.

„Wenn du möchtest, darfst du uns nach Hause
begleiten. Dann kannst du sie an der Leine halten."
Wow, das war ja wie ein Sechser im Lotto! Wenn
sie das Hannah erzählte ...

52

Renata füllte mehrere Toilettenpapierrollen in ihren blauen Stoffbeutel. Ihr Blick fiel auf Lenas Taschen. „Soll ich dir eine abnehmen? Die sind doch viel zu schwer für dich."

„Lebt ihr schon lange plastikfrei?", fragte Renata auf dem Heimweg.

„Naja", murmelte Lena, „eigentlich ist es bis jetzt nur ein Experiment."

Renata blieb stehen. „Das musst du mir jetzt genauer erklären."

Als ihre Eltern nach Hause kamen, war Lena immer noch in der Küche und zeichnete. Am Küchentisch arbeitete sie am liebsten, weil durch das große Fenster richtig viel Licht auf das Blatt fiel und die Farben so schön leuchteten. Es war heute schon die zweite Zeichnung. Zuerst hatte sie ein schönes Bild von Molly gemacht, wie sie in Patrizias Laden alles beschnupperte. Jetzt zeichnete sie einen Wal. Er schwamm durch den blauen Ozean.

Sie lebten jetzt ohne Plastik. Sie würden nur noch bei Patrizia einkaufen und nie mehr einen Fuß in einen Supermarkt setzen. Mama musste einfach ihren Freundinnnen vorschwärmen, dann würden die ihnen alles nachmachen. Und schon bald kamen alle ohne Kunststoff aus und kein Wal musste sich mehr vor Plastik fürchten. Die Meere und Ozeane wären wieder total rein! Auf der

Anrichte standen alle Behälter nebeneinander in einer Reihe: das Glas mit dem Zucker, die Stofftasche mit dem Brot, das Netz mit den Tomaten, die Dose mit den Nudeln.

„Gut gemacht", lobte Papa sie, „Tag 1 hätten wir geschafft!" Er füllte einen Topf mit Wasser und griff nach den Nudeln.

„So einfach ist das mit dem plastikfreien Leben!", jubelte Lena freudestrahlend. „Ich habe euch ja gleich gesagt, dass es funktioniert!" Hoffentlich war das ihren Eltern eine Lehre.

Mama gähnte.

Lena begriff sofort: Heute war wieder mal ein „Beethoven-Tag". An solchen Tagen kam Mama immer total k.o. nach Hause und machte nur noch eines: Sich mit dem Kopfhörer auf das Sofa legen und volle Pulle Beethoven hören. Selbstverständlich durfte man sie da auf keinen Fall stören.

Etwas musste Lena aber trotzdem noch loswerden: „Ich soll euch einen Gruß von Renata ausrichten."

Mama und Papa sahen sich verwirrt an. Natürlich hatten sie keine Ahnung, vom wem sie sprach.

„Unsere Nachbarin!" Sie zeigte zum Haus gegen-

56

über. „Ich habe sie heute beim Einkaufen kennengelernt. In Patrizias Laden."

Mama war baff. Auf einmal wirkte sie gar nicht mehr so erschöpft: „Ich wollte dieser Frau eigentlich lange schon mal Hallo sagen."

Papa griff nach ihrer Zeichnung. „Ein Wal?"

Lena riss ihm das Blatt aus der Hand. „Ist noch nicht fertig."

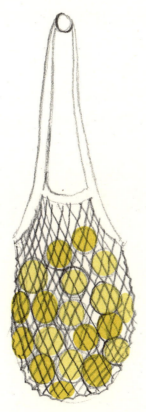

58

PAPAs Spezial-Müsli

„Das Müsli ist alle!" Papa faltete die leere Plastik-
tüte zusammen und streckte sie Lena entgegen.
Lenas Herz plumpste in die Hose. Eben war sie
noch total motiviert gewesen und hatte Hannah
eine Nachricht geschrieben, wie toll das Experi-
ment lief. Sie betrachtete die Müsliverpackung.
Ihr Kopf war wie leergefegt.
Na prima, warum musste es gerade jetzt während
des Experiments ausgehen? Dieses Müsli gab es
nur im Supermarkt. Plastikverpackt.
„Vielleicht wird es auch im Glas verkauft?", warf
Papa ein.
Der träumte wohl!
„Kannst du nicht ein paar Tage auf das Müsli ver-
zichten?"
Sie aß morgens auch immer Früchtejoghurt. Die
schmeckten eh viel leckerer und die gab es im Glas!
Papa machte ein Gesicht, als hätte er in eine
Zitrone gebissen: „Das ist das einzige Müsli, das
ich mag!"
Wo sollte sie denn das jetzt unverpackt herbekom-
men? Sie konnte ja nicht einfach das Glas in den
Supermarkt mitnehmen und dort das Müsli um-
füllen. Das Plastik hätte sie trotzdem verbraucht.

Mama stellte ihre Teetasse in die Spülmaschine. „Was habe ich gesagt? Es ist doch nicht so einfach mit dem Plastikverzicht."

„Pst!", machte Lena und hielt den erhobenen Zeigefinger an die Lippen. Sie war jetzt einfach noch zu müde für Diskussionen. Sie verstaute die Müsliverpackung in ihren Rucksack. Sie versuchte zu lächeln. Ihre Eltern sollten ja nicht mitbekommen, dass sie gerade gar keinen Plan hatte. „Ich werde mich darum kümmern."

Im Klassenzimmer wartete an jedem Platz ein Flugblatt auf die Schüler. Lena griff sofort danach. Wer hatte das verteilt? Auf dem Blatt stand in großen Buchstaben:

Auch auf Herrn Tills Schreibtisch lag ein Flugblatt. Es konnte also nicht von ihm stammen. Und sowieso: Herr Till hatte ihnen mal nach einem Aufsatz erklärt, dass man nur ein Ausrufezeichen verwenden sollte. Drei nacheinander – das war einfach nur kindisch.

Noch bevor alle das Blatt gelesen hatten, knüllte Felix es zusammen. „Das ist sicher von Lena!"

„Glaubst du wirklich?", entgegnete Tim, „Lena ist doch jetzt total allergisch auf Plastik. Da möchte sie wohl kaum, dass wir Plastik mitbringen."

Lena war genauso verwirrt wie die anderen. Sie musterte die Schrift genauer. Es war eine Kinderschrift. Ein Schüler musste es geschrieben haben, aber die Schrift kam ihr nicht bekannt vor. Ihr war nicht ganz wohl. Wollte sie jemand auf den Arm nehmen? Hatte sich jetzt die ganze Klasse gegen sich verschworen? Prüfend sah sie die anderen an. Steckten vielleicht alle unter einer Decke?

Herr Till hatte an der Wand einen Plan aufgehängt, wer wann mit dem Referat an der Reihe war. Lena war die Erste. Und zwar schon in sieben Tagen! „Das geht nicht", protestierte sie, „das schaffe ich nie."

Sie hatte ja nicht einmal alle Informationen. Und ihr Experiment! Das hatte doch gerade erst begonnen.

„Ist doch nicht so schlimm, dann hast du es wenigstens hinter dir", flüsterte Hannah ihr zu. Vom Unterricht bekam sie heute kaum etwas mit. Sie konnte sich den ganzen Vormittag nicht konzentrieren, so sehr lag ihr das Referat auf dem Magen.

Lena stürmte in Patrizias Laden.

„Schon wieder alles weggefuttert?", rief Patrizia überrascht.

„Du musst mir helfen, ich weiß nicht, was ich jetzt machen soll. Papas Müsli ist ausgegangen. Er mag nur eine bestimmte Sorte. Aber die gibt es nur im Supermarkt. In einem Plastikbeutel!" Das Experiment sollte doch nicht wegen eines Müslis scheitern. Und vor allem nicht schon am zweiten Tag.

„Keine Panik!", beruhigte Patrizia sie. „Dieses Problem haben wir schnell gelöst. Weißt du, welche Zutaten drin sind? Dann mischen wir es selber. Und wahrscheinlich wird ihm der Unterschied kaum auffallen. Das war bei vielen anderen Kunden auch schon so."

„Haselnüsse …", sagte Lena. Aber was sonst noch? Sie kramte die Verpackung hervor. Patrizia las laut vor, welche Zutaten dort angegeben waren. Lena ging von Zapfsäule zu Zapfsäule und füllte ab. Am Schluss nahm Patrizia einen Stift aus der

Schublade. Es quietschte laut, als sie mit roter Farbe auf das Glas schrieb: PAPAS SPEZIAL-MÜSLI-MISCHUNG. Und darunter: ABGEFÜLLT VON LENA. Sie hielt es mit einem breiten Grinsen im Gesicht in die Höhe. „Da wird dein Papa Augen machen."

„Danke", sagte Lena.

„Und wie läuft es sonst so?"

Lena zuckte mit den Schultern. „Das Flugblatt!", fiel es ihr ein. „Jemand hat in der Schule ein merkwürdiges Flugblatt verteilt."

„Deine Klasse war ja noch immer nicht hier."

Lena nickte. „Du hättest sie heute hören sollen, als sie das Flugblatt gelesen haben. Da haben sie sofort wieder Witze gerissen."

„Nur ein bisschen Geduld", machte Patrizia ihr Mut, „wenn jeder das Plastik mitbringt, merken sie vielleicht auf einmal, wie viel das ist." Die Türglocke bimmelte und eine Frau mit einem geflochtenen Korb betrat den Laden. Lena verabschiedete sich.

Erst als sie fast zu Hause war, dämmerte es ihr: Sie hatte Patrizia doch gar nicht gesagt, was auf dem Flugblatt gestanden war. Warum wusste sie das mit dem Plastik? Oder hatte sie etwas anderes

65

gemeint? Mal scharf nachgedacht: Sie wusste ja gar nicht, wo sie in die Schule gingen. Und erst recht nicht, welches ihr Klassenzimmer war. Sie konnte es einfach nicht gewesen sein. Definitiv nicht. Aufgeregtes Bellen riss sie aus ihren Gedanken. Und schon rannte Molly auf sie zu. Papa und die Nachbarin standen vor dem Haus. Die Nachbarin konnte die Leine kaum halten, so sehr zog der Hund. Molly sprang erfreut an Lena hoch. Renatas Bäckchen waren rot. „Wir waren spazieren", erklärte sie, „und da bin ich deinem Papa über den Weg gelaufen. Ich habe ihm natürlich gleich erzählt, wie beeindruckt ich von deinem Experiment bin."

Lenas Miene hellte sich auf. Sie holte das Müsliglas aus ihrem Rucksack hervor und streckte es Papa entgegen.

„Das schmeckt wahrscheinlich noch viel besser als das Müsli aus dem Supermarkt", versprach sie ihm. Er betrachtete das Glas skeptisch.

„Oh, so eines hätte ich auch gerne!", rief Renata. „Wie läuft das Experiment?"

„Wollen wir uns nicht oben darüber unterhalten?", schlug Papa vor. „Ich brauche ganz dringend einen Kaffee."

Oben zeigte Lena zuerst einmal Molly ihr Zimmer.
Sie beschnupperte alles neugierig. Der Plüschbär
auf dem Stuhl interessierte sie besonders.
Im Wohnzimmer nippte Renata an ihrer Kaffeetasse.
„Ich war mir ja ziemlich sicher, dass Lena schon
nach einem Tag genug hat", sagte Papa.
„Ich denke nicht, dass Ihre Tochter so schnell aufgibt", meinte Renata und deutete zum Müsliglas
auf dem Tisch.
Papa stellte die Früchteschale auf den Tisch. „Bitte
bedienen Sie sich!" Er öffnete den Holzschrank:
„Wir haben leider keine Servietten mehr." Er blickte
zu Lena.

„Die muss ich morgen gleich bei Patrizia kaufen."
Doch Renata schüttelte den Kopf: „So etwas
verkauft sie nicht. Papierservietten wirft man auch
immer gleich weg. Da gibt es eine bessere
Alternative."

70

FELIX' Plastikente

In der Nacht hatte jemand neben ihrem Klassenzimmer eine riesige Schachtel aufgestellt. Darauf stand zu lesen: „Plastiksammlung!" Es war die gleiche Handschrift wie auf dem Flugblatt.
Lena warf die gelbe Plastikente, mit der sie früher immer zu Hause gebadet hatte, hinein. Die war sicher schon über zwei Jahre in ihrem Badezimmer rumgelegen, ohne dass sie jemand ein einziges Mal angerührt hatte. Die anderen hatten mitgebracht:

* mehrere leere Flaschen in verschiedenen Farben
* eine Uhr, die nicht mehr funktionierte
* Flip-Flops, ziemlich zertretene
* Joghurtbecher, ein ausgewaschener
* eine Butterschale, die noch nigelnagelneu aussah
* eine DVD-Hülle, leer

Mit einem lauten „Plopp" landete alles in der Schachtel. Felix warf gleich mehrere leere Putzmittelflaschen hinein. Plopp. Es hatte kaum alles Platz, Hannah musste das grüne Plastiktretauto, für das jetzt auch ihre kleine Schwester zu groß war, neben die Schachtel stellen, da am Schluss nichts mehr reinging. Lena betrachtete die Sammlung. So viel Plastik! Zum Glück sah Patrizia das nicht.

Die wäre sicher kreidebleich geworden.
„Was passiert jetzt damit?", fragte Felix Herrn Till.
Doch dieser wusste genauso wenig wie die Kinder.
„Es scheint ein Kunstprojekt einer anderen Klasse
zu sein. Bis jetzt konnte ich auch noch nicht
herausfinden, welcher Lehrer dafür zuständig ist."
„Eigentlich wollte ich unsere Rutschbahn mitnehmen", sagte Felix, „aber allein hätte ich die nie
tragen können."

Einige kicherten. Die Lehrer wären wohl vor Verblüffung fast aus ihren Schuhen gekippt, wenn Felix zusammen mit ein paar Freunden mit der Rutschbahn auf dem Schulgelände aufgetaucht wäre.

Die anderen unterhielten sich aufgeregt über die Rutschbahn, doch Lena dachte intensiv nach: Auch bei ihr zu Hause gab es nicht nur Plastikverpackungen. Auch viele Einrichtungsgegenstände oder Spielwaren waren aus Plastik. Warum fiel ihr das erst jetzt ein? Jetzt hatte sie in den letzten Tagen alles getan, um auf Kunststoff zu verzichten. Aber was brachte das schon, wenn sonst überall im Alltag weiterhin Plastik vorkam – und zwar noch viel mehr, als sie je für Verpackungen verbraucht hatten? Sie musste nach der Schule ganz dringend zu Patrizia.

Sie erkannte das rote Fahrrad sofort. Warum stand Mamas Fahrrad neben Patrizias Geschäft? Sie versteckte sich hinter einem Auto auf der anderen Seite der Straße und beobachtete alles durch das große Schaufenster. Ihre Mama unterhielt sich mit Patrizia! Patrizia fuchtelte wild mit den Händen in der Luft herum. Dann mussten die beiden laut

74

lachen. Was besprachen sie miteinander? Und warum war Mama jetzt plötzlich dort? War sie schon öfter im Geschäft gewesen und hatte es ihr verheimlicht? Steckten Mama und Patrizia unter einer Decke? Patrizia war doch ihre Freundin! Sie hatte immer gedacht, sie wäre auf ihrer Seite. Sie hatte ihr doch gesagt, was Mama von ihrem Experiment und dem Plastikverzicht hielt. Auf einmal hatte sie gar keine Lust mehr auf den Laden. Patrizias Idee mit dem Unverpackt-Laden war ja schön und gut, aber hatte sie wirklich so viel Ahnung vom Plastik?

Unbemerkt lief sie davon.

Sie klingelte Sturm. Es dauerte, bis Renata endlich öffnete. Als sie sah, dass Lena vor der Tür stand, lächelte sie. Auch Molly wedelte begeistert mit ihrem Schwanz. Doch noch bevor Lena in der Wohnung war, hatte Renata begriffen, dass etwas nicht in Ordnung war.

Lena tobte: „Jetzt habe ich mir solche Mühe gegeben und es bringt doch nichts!" Sie quasselte, als müsste sie einen Schnellredewettbewerb gewinnen: von der Plastiksammlung in der Schule, von der Rutschbahn vom Felix, was ihr dadurch bewusst geworden war, und ihre Beobachtungen in Patrizias Laden.

„Leider ist es wirklich nicht so einfach mit dem Plastik", gab Renata zu, als Lena endlich eine Pause machte. „Viel Müll entsteht durch Verpackungen. Aber wer der Umwelt Sorge tragen möchte, der muss sich natürlich auch überlegen, was er in anderen Bereichen tun kann, um Rohstoffe zu sparen."

Warum hatte Patrizia darüber kein Wort verloren? Sie hatte immer so getan, als könnte man die Wale und die Fische retten, indem man einfach auf Verpackungen verzichtete. Vielleicht hatte Mama doch recht: Egal, wie sehr man sich bemühte, ganz ohne Plastik ging es nicht. Doch da widersprach Renata ihr sofort: „Man kann einiges machen! Nicht nur wenn man Lebensmittel einkauft, sondern bei jedem Einkauf. Man kann sich erkundigen, welche Materialien im Produkt stecken – oder wie sie hergestellt wurden. Oft gibt es Alternativen, die mit weniger Kunststoff oder Giften auskommen. Und es lohnt sich auch, die Frage zu stellen, ob man wirklich etwas Neues kaufen muss. Habt ihr eine Bohrmaschine?"

Lena dachte nach, dann nickte sie.

„Und wie oft braucht ihr diese?"

Lena konnte sich nicht erinnern, wann Mama oder Papa sie das letzte Mal in der Hand gehabt hatten.

„Ich habe deshalb keine eigene Bohrmaschine", sagte Renata. „Ich leihe sie mir aus."

Eine Bohrmaschine ausleihen, so wie man Bücher auslieh?

„Und wo leiht man die aus? In Bohrmaschinentheken?", fragte sie und kicherte.

„Die Nachbarn und ich teilen uns eine Bohrmaschine miteinander. Man braucht sie ja sowieso fast nie. Es wäre eine totale Verschwendung, wenn in jeder Wohnung eine Bohrmaschine rumliegt." Sie dachte nach. „Oder zum Beispiel das Tretauto, das deine Freundin heute in die Schule gebracht hat. Das könnte man doch einfach weiterschenken. Bestimmt gibt es jemand, der sich darüber freut. So muss man es nicht wegwerfen."

Das leuchtete Lena ein. Aber so ganz beruhigte sie das trotzdem nicht. Sie musste nach Hause. Sie wollte zeichnen. Ihr Blick fiel auf Renatas Küchentisch. Darauf standen verschiedene Gläser und Flaschen. „Oh, ich habe dich beim Kochen gestört."

Renata lachte. „Ich bin nicht am Kochen, sondern am Putzen."

Lena sah ihre Nachbarin skeptisch an. War die Frau ein bisschen verwirrt? Wenn Mama putzte, dann standen überall verschiedene Putzmittel herum.

Renata hielt ihr eine Glasflasche unter die Nase. Es roch nach Zitrone. „Zitronensäure, Essig und Soda – das ist alles, was man zum Putzen braucht. Damit wird alles blitzeblanksauber. Bei vielen Menschen stehen eine Menge Plastikflaschen zuhause rum. Die kosten viel, verursachen jede Menge Abfall und man kommt kaum nach, sich Nachschub zu besorgen, weil ständig eine Flasche leer ist."

„Und sie stinken auch fürchterlich!", warf Lena ein.

„Ganz genau. Meine natürlichen Putzmittel riechen viel besser und sie sind auch nicht giftig!" Sie zog eine Schublade auf und nahm ein Glasfläschchen hervor. Vorsichtig füllte sie über der Spüle Essig ein. „Für euch. Dann könnt ihr das gleich mal testen." Doch sie hatte noch ein anderes Geschenk für Lena. Dieses lag bereits auf der Kommode im Flur: fünf hellblaue Stofftücher.

79

„Euch sind ja gestern die Servietten ausgegangen", erinnerte Renata Lena, „ich gebe euch vier Stoffservietten mit. Die kann man immer wieder waschen. Man muss also nichts wegwerfen!"
Abends stand Lena vor dem großen Badezimmerspiegel und beobachtete sich beim Zähneschrubben. Mama und Papa waren im Wohnzimmer vor

dem Fernseher. Mit Mama hatte sie den ganzen
Abend kein Wort gewechselt – und Mama
hatte kein Wort gesagt, dass sie bei Patrizia
gewesen war. Also hatte sie richtig kombiniert:
Die beiden steckten unter einer Decke. Sie öffnete
die Spiegeltür. Warum checkte sie erst
jetzt, wie viel Plastik in ihrer Wohnung war?

Allein im Badezimmer kam schon eine ganze Menge
zusammen:
* der gelbe Seifenspender
* Papas Rasierer
* Die Stäbchen der Wattestäbchen
* Mamas Feuchttücher waren plastikverpackt
* Mamas drei Lippenstifte
* Die Zahnpastaverpackung
Und – Lena zog sie sofort aus ihrem Mund – auch
die Zahnbürste war aus Plastik!
Zum Haareraufen! Irgendwie war das wie mit den
Fruchtfliegen, die sie im letzten Sommer kaum
mehr losgeworden waren, obwohl sie alles ver-
sucht hatten. Immer wieder waren neue Fliegen
aufgetaucht. Egal, was man unternahm, Plastik in
allen Formen, in allen Größen, hier, dort, überall.
Vielleicht hätte sie besser gar nie angefangen,
darüber nachzudenken. Hätte sie doch damals ein-
fach die Bonbons im Schaufenster ignoriert!
Dann hätte sie nie Patrizia kennengelernt und sie
könnte jetzt ein Referat über ein ganz einfaches
Thema halten: über ihre Lieblingssängerin Namika.
Heute konnte sie lange nicht einschlafen. Dieses
Mal lag es nicht am Referat, sondern an der Sache

mit dem Plastik. Je länger sie sich hin und her wälzte, desto klarer wurde ihr, was sie morgen machen musste.

84

EINE ZAHNBÜRSTE
für den Kompost

Auf dem Frühstückstisch lächelte der Wal sie an.
Der Stoffbeutel aus Patrizias Geschäft! Was machte der in ihrer Küche?
„Na, überrascht?", fragte Mama mit einem breiten Grinsen.

Damit hätte Lena nie im Leben gerechnet! Eigentlich hatte sie heute Morgen als Erstes verkünden wollen: „Ihr habt gewonnen! Ich habe keine Lust mehr, ich gebe auf. Dieser Plastikverzicht macht ja eh keinen Sinn, weil es viel zu kompliziert ist."
Mama nahm einen Schluck von ihrer Kaffeetasse. „Ich habe ihn gestern bei Patrizia gekauft – als Glücksbringer für dein Referat."
Lena fiel Mama um den Hals. War das cool! Deshalb hatte sie Mama dort beobachtet. Und auf einmal hatte sie ein schlechtes Gewissen. Was hatte sie den beiden nicht alles unterstellt? So sauer war sie gewesen! Zum Glück konnte Mama nicht Gedanken lesen!
„Ich war gestern zum ersten Mal in diesem Laden", sagte Mama, „nachdem du mir so viel erzählt hast, wollte ich ihn mir auch mal ansehen. Der Laden ist echt schön. Ich habe mich lange mit Patrizia unterhalten. Sie hat mir ganz viele Tipps gegeben. Hast du gewusst, dass man Putzmittel selber herstellen kann?"
Lena grinste. Das wusste sie schon längst!
„Die sind für die Umwelt viel schonender und man braucht auch nicht gleich Dutzende Plastikflaschen."

Toll, dass Mama das selbst herausgefunden hatte.

Lena streichelte die Tasche mit dem Walbild.

Sie würde den Beutel am Montag mit in die Schule nehmen und die Zeichnungen, die sie beim Referat zeigte, darin verstauen.

Die Wohnungstür wurde aufgesperrt.

Papa.

Er war in der Bäckerei gewesen.

Stolz hielt er den Stoffbeutel in die Höhe: „Ich habe der Verkäuferin gesagt, dass sie das Brot gleich in den Beutel packen soll und ich auf das Papier verzichte."

Lena blickte verblüfft.

„Die anderen Leute hinter mir haben mich ganz überrascht angeschaut", erzählte er. „Aber ich glaube, das hat sie beeindruckt."

„Aber du wolltest uns etwas sagen", erinnerte Mama sie.

„Ich ...", setzte sie an. Beim Aufstehen hatte sie noch ganz klar gewusst, was sie tun sollte: Mama und Papa das Ende des Experiments zu verkündigen.

Aber jetzt hatten sogar Mama und Papa ange-

fangen, auf Plastik zu verzichten, und sie hatten
sogar noch Freude daran. Da konnte sie doch
nicht einfach sagen: „Schluss, Aus, das bringt doch
eh nichts."
Was sollte sie tun?
Sie musste zu Hannah! Die hatte immer eine
Lösung bei komplizierten Entscheidungen.
Sie musste lange klingeln, bis endlich die Haustür
geöffnet wurde.
Hannahs Mama sah Lena überrascht an. „Habt ihr
euch hier verabredet?"
Lena runzelte die Stirn. Sie hatten sich doch gar
nicht verabredet! Sie hatte sich doch vorhin
ganz spontan entschieden, Hannah zu besuchen.
Es war so schnell gegangen, dass sie ihr nicht
einmal eine Nachricht geschrieben hatte.
Warum wusste ihre Mama das bereits?
„Ich dachte, ihr trefft euch bei Patrizia?"
Jetzt runzelte sie noch mehr die Stirn. Warum
war Hannah bei Patrizia? Was machte sie dort?
„Oh, da habe ich wohl was durcheinander-
gebracht", sagte sie und rannte auch schon los.
Patrizia bediente gerade zwei Kunden gleichzeitig.

Es waren noch weitere Leute im Laden.

„Ich suche Hannah", erklärte Lena, „ist sie schon wieder weg?"

Patrizia zeigte zur Tür, die zum Büro führte. Hannah saß auf der Holzbank und blätterte in einer Zeitschrift. Erstaunt blickte sie auf.

„Was machst denn du hier?"

„Das wollte ich dich fragen!", entgegnete Lena, „ich war bei dir zu Hause." Und dann erzählte ihr Lena, was passiert war.

Als Patrizia alle Kunden bedient hatte, kam sie kurz nach hinten. „Alles in Ordnung bei euch?"

„Lena will aufgeben", sagte Hannah.

Patrizias Lächeln gefror. „Aber warum das denn?"

„Es hat doch alles keinen Sinn", sagte Lena. Sie erzählte, wie viel Plastik sie gestern im Badezimmer entdeckt hatte.

Patrizia hörte eine Weile zu. „Kommt mit", forderte sie Lena auf. Die beiden Mädchen begleiteten sie nach vorne. Sie gingen zum Regal ganz hinten in der Ecke. „Hast du meinen Laden doch noch nicht so genau angeschaut? Auch für das Badezimmer gibt es schon viele umweltfreundliche Alternativen." Sie streckte Lena eine Zahnbürste

aus Bambus entgegen. „Bambus wächst sehr schnell nach", erklärte Patrizia, „da er ein natürlicher Rohstoff ist, ist er auch abbaubar. Wenn man sie nicht mehr benötigt, kann man sie kompostieren."
„Eine Zahnbürste, die man auf dem Kompost entsorgen kann?", rief Hannah und lachte. „Da werden unsere Nachbarn aber Augen machen, wenn sie die auf dem Kompost entdecken."
„Ich habe nie behauptet, dass das so einfach ist mit dem Plastikverzicht", sagte Patrizia zu Lena, „aber ich habe auch nie gesagt, dass man gleich perfekt sein muss. Komplett ohne Kunststoff, das ist sehr anspruchsvoll. Aber wenn wir alle unseren Plastikkonsum reduzieren, dann hätte auch das schon gravierende Auswirkungen auf die Meere und Ozeane. Natürlich könnte man immer noch mehr tun, aber es ist doch kein Wettbewerb. Alleine mit dem, was du in den letzten

Tagen gemacht hast, hast du schon viel für die
Umwelt getan."
Lena überzeugte
das noch nicht
ganz: „Aber trotz-
dem landet noch
immer so viel
Müll im Meer."

Bimmelnd ging
die Tür auf, ein
Lieferant trug
eine lange Karton-
rolle herein.
Die Mädchen
halfen Patrizia,
sie zu öffnen.
Ein riesiges
Plakat war drin.
„Für das Schau-
fenster", erklärte
Patrizia. Sie nahm
das Glas mit
den Bonbons aus

PRODUKT

Angelschnur
Wegwerfwindel
Plastikflasche
Aludose
Getränkedose
Styroporbecher
Plastiktüte
Zigarettenkippe
Wollsocken
Sperrholz
Baumwollshirt
Milchkarton
Pappkarton
Apfelgehäuse
Zeitung

dem Schaufenster und stellte es auf den Tresen.

BBAUZEIT

600	Jahre
450	Jahre
450	Jahre
200	Jahre
200	Jahre
50	Jahre
10-20	Jahre
1-5	Jahre
1-5	Jahre
1-3	Jahre
2-5	Monate
3	Monate
2	Monate
2	Monate
6	Wochen

Dann legten sie gemeinsam das Plakat auf die leere Fläche und platzierten ein paar leere Schachteln darunter, damit es schön gewellt aussah. Als sie fertig waren, gingen alle nach draußen und betrachteten es von außen. Erst jetzt sahen die beiden Mädchen, was auf dem Plakat stand:

„Zweihundert Jahre!", rief Hannah, „das erleben wir ja gar nicht mehr!" Sie sah Lena an. „Willst du das mit dem Aufgeben nicht nochmals überlegen?"

AUFREGUNG
in der Schule

Selbst eine Schnecke hätte sich an diesem Morgen nicht anstrengen müssen, um Lena zu über- holen. Sie war heute in Zeitlupengeschwindigkeit unterwegs. Denn mit jedem Schritt, dem sie der Schule näherkam, zog sich ihr Hals noch mehr zusammen. Warum war das Wochenende so schnell vergangen? Die ganze Nacht hatte sie kaum ein Auge zugetan. In ihrem Kopf waren die Sätze, die sie in ihrem Referat sagen wollte, wild herumgetanzt, als würden sie eine Party feiern. Verzweifelt hatte sie versucht, die Sätze immer wieder in der richtigen Reihenfolge aufzusagen, doch jedes Mal war etwas durcheinandergeraten. Ob das jetzt auch beim Referat passierte?

Was war auf dem Schulhof los? Völlig aufgedreht drängten sich die Kinder an die Glastür und pressten ihre Nasen gegen die Scheibe. Alle redeten gleichzeitig. Ein solcher Krach und ein solches Gedränge, als würde heute Lukas Rieger oder ein anderer YouTube-Star ihre Schule besuchen und mit den Schülern Selfies machen.

Lena versuchte, sich nach vorne zu drängeln, doch niemand ließ sie durch.

Als sie sich auf die Zehenspitzen stellte, konnte sie endlich einen Blick in die Eingangshalle werfen und sie sah, was die Aufregung ausgelöst hatte: ein riesiger Müllberg!
Mitten in der Eingangshalle.

Sie schloss ihre Augen und öffnete sie dann noch einmal. Nein, er war noch immer da! Er war mindestens dreimal so groß wie Lena. Dagegen war die Müllsammlung, die sie vor ein paar Tagen auf ihrem Küchentisch ihren Eltern präsentiert hatte, eine kleine Maus gewesen.

Eine Schülerin aus der sechsten Klasse zückte das Handy. Dabei war dies auf dem Schulgelände strengstens verboten. Aber Lena konnte sie verstehen: Dieser Müllberg machte echt Eindruck. Da konnte man gar nicht anders, als ihn zu fotografieren!

„Deshalb sollten wir alle unseren Müll mitbringen!", hörte Lena auf einmal Felix' Stimme.

Als die Glocke endlich losschrillte, griffen mehrere Hände gleichzeitig nach dem Türgriff und rissen die Tür auf. Jeder wollte als Erstes hinein. Alle wollten den Müllberg von ganz nah anschauen.

„Hoffentlich hat hier niemand gebrauchte Windeln entsorgt!", rief ein Schüler aus der ersten Klasse und drückte demonstrativ mit zwei Fingern seine Nase zusammen.

Alle lachten.

Lena sah sich um. Wo war Hannah?

Etwas abseits entdeckte sie den Hausmeister und den Schulleiter. Auch für sie schien der Müllberg eine Überraschung zu sein. Sie waren kreidebleich. Der Hausmeister schüttelte immer wieder den Kopf und schimpfte: „Weg da! Geht in die Klassen, die Stunde beginnt gleich!" Doch niemand beachtete ihn. Die Schüler hatten einen Kreis um den Müllberg gebildet und machten sich gegenseitig auf verschiedene Dinge aufmerksam, die sie im Durcheinander entdeckten: eine Sonnenbrille mit kaputten Gläsern, ein zerbissener Schnuller, ein Gürtel, der mit Glitter verziert war, Lenas Badeentchen und das grüne Tretauto, das mal Hannahs Schwester gehört hatte.

„Krass!", sagte Laura, „das ist jetzt nur der Müll
von einer einzigen Klasse. Mal angenommen, alle
Klassen würden ihren Müll von zu Hause mitbringen. Könnt ihr euch das vorstellen? Wir würden
gar nicht mehr ins Schulhaus hineinkommen,
so riesig wäre der Berg."

Der Krach hatte nachgelassen, die meisten betrach-
teten den Müllberg schweigend. Lena war total in
Gedanken versunken.
Nur der Hausmeister tobte noch immer. „So eine
dumme Idee! Wer ist dafür verantwortlich?"
Niemand meldete sich.
„Es ist besser, der Schuldige gibt es sofort zu.
Wir finden es sowieso heraus."
Doch niemand reagierte. Er musterte die Kinder.
„Weiß jemand von euch, wer es gewesen ist?"
Felix streckte auf, doch Lena stupste ihn an. Hatte
er den gleichen Verdacht wie sie? Es gab doch
keinen Grund, das gleich auszuplaudern ... Doch zu
spät. Der Hausmeister war schon auf ihn aufmerk-
sam geworden.
„Wer war es?"
Felix blickte zu Lena. Als sich ihre Blicke begegneten,

100

zuckte er zusammen.

„Keine Ahnung", stammelte Felix, „vielleicht ist es einfach ein Kunstprojekt?"

Jetzt lachten alle los, selbst der Schulleiter musste schmunzeln.

Der Hausmeister lief knallrot an vor Ärger. „Wer ist dafür verantwortlich?"

Da hatte Lena eine Idee: „Wir alle!"

Als sich alle Köpfe zu ihr drehten, wäre sie am liebsten im Boden versunken. Warum mussten ihr immer solche Dinge herausrutschen?

Der Schulleiter sah sie neugierig an: „Wie meinst du das?"

Hätte sie sich das vorher überlegt! „Wir ... ähm ..."

„Der Abfall stammt von uns allen", half ihr Felix.

Die beiden Erwachsenen blickten verwirrt zwischen den Kindern hin und her.

„Ihr seid es alle ...", setzte der Hausmeister an. Mit dieser Antwort hatte er nicht gerechnet.

„Nein", entgegnete Felix, „oder doch ..." Er blickte hilfesuchend zu den anderen. Da niemand etwas sagte, meinte er: „Jeder von uns hat ein bisschen was von diesem Berg mitgebracht. Streng genommen ist es unser gemeinsamer Müllberg."

„Papperlapapp!", presste der Hausmeister hervor, der jetzt gar keine Lust auf Diskussionen hatte. „Ich will sofort wissen, wer der Schuldige ist, und dann wird der Abfallberg sofort entfernt."

„Aber wir sollten ihn vorher fotografieren", mischte sich Herr Till ein. Lena fuhr herum. Er war ihr noch gar nicht aufgefallen. Schon zückte er das Handy und knipste den Müll ab.

Jetzt platzte dem Hausmeister der Kragen. Er schob einen Schüler zur Seite und versuchte, Herrn Till das Handy aus den Händen zu reißen. Doch dieser hatte es schon wieder in seiner Jeans verschwinden lassen.

„Ist es nicht beeindruckend, so etwas mal zu sehen?", fragte er die Kinder.

Lena war so in Gedanken versunken, dass sie gar nicht begriff, dass sich ihre Lippen bewegten: „Das sollten noch viel mehr sehen. Vor allem die Erwachsenen!" Sie sagte es so leise, dass es nur die Leute hörten, die direkt neben ihr standen. Doch Herr Till hatte es mitbekommen. „Das ist eine gute Idee! Wir laden sie ein."

„Zu einer Müllbergbesichtigung?", lachte Felix, „da kommt doch niemand!"

„Das ist ja total bedrückend", rief Lena, „es geht ja auch niemand am Sonntag auf einer Müllhalde spazieren."

„Wir machen eine Müllparty!", platzte Felix heraus. Alle lachten, doch dieses Mal hatte er es gar nicht komisch gemeint: „Das war kein Witz. Die Leute sollen den Müll sehen."

„Iii!", machten ein paar und verzogen das Gesicht. Lena sah ihn verblüfft an. Ab und zu hatte Felix doch coole Ideen!

„Dann aber am besten gleich heute!", sagte eine Schülerin, die Lena nicht kannte. „Schon morgen stinkt es hier bestimmt gewaltig."

„Ich weiß nicht", sagte der Schulleiter, „eure Familien sind zwar schockiert, wenn sie den Müllberg sehen. Aber was bringt das? Sobald wir hier aufgeräumt haben, denkt niemand mehr daran."

Wie viele Abfallsäcke wohl notwendig waren, um all diesen Müll loszuwerden? Lena wollte sich das gar nicht so genau vorstellen.

„Und wenn wir den Müll einfach nicht entsorgen?" Diese Frage hatte Hannah gestellt. Sie war doch hier! Sie stand direkt neben der Treppe. Deshalb hatte sie sie vorher nicht gesehen.

„Aber wir können den Müll doch nicht einfach hier liegen lassen, bis er verrottet ist", erwiderte der Schulleiter.

Anna verdrehte die Augen. Hatte er noch nie gehört, wie viele Jahre es ging, bis sich Kunststoff zersetzt hatte?

„So habe ich das auch nicht gemeint", sagte Hannah. „Könnten wir mit dem Müll nicht noch was anderes machen?"

Bevor sie mehr erzählen konnte, ging der Schulleiter dazwischen: „Das könnt ihr später noch diskutieren. Jetzt ist es höchste Zeit, in die Klassen zu gehen, es hat schon längstens das zweite Mal geklingelt ..."

Einige murrten. Hier draußen war es doch viel spannender!

„Kommt", forderte Herr Till seine Klasse auf, „heute ist ja Lena mit ihrem Referat an der Reihe."

Sie musste fest schlucken. Wegen des Aufruhrs hatte sie einige Momente lang tatsächlich gar nicht mehr daran gedacht. „Können wir es nicht verschieben?", fragte sie, „ich kann mich jetzt ja gar nicht mehr konzentrieren."

„Warum hält sie ihr Referat nicht gleich hier im

Flur neben dem Plastikberg?", schlug Felix vor.

„Das wäre echt eindrücklich!"

Lena hätte ihm am liebsten den Mund zugehalten.
Sein Vorschlag klang fürchterlicher als der brutalste
Horrorfilm!

Doch Herr Till war begeistert: „Eine tolle Idee!
Dann verstehen wir gleich besser, worum es geht!"

„Aber hier ist es doch viel zu unruhig", widersprach Lena.

„Wir warten einfach, bis sich die anderen Klassen
in die Klassenzimmer verzogen haben."

Lena kramte die Unterlagen aus ihrer Waltasche
hervor.

„Was ist denn das für eine abgefahrene Tasche?",
entfuhr es Marie, „die will ich auch!"

Lena kontrollierte die Blätter. Stimmte die Reihenfolge der Zeichnungen?

Hannah zwinkerte ihr zu und streckte ihr den
erhobenen Daumen entgegen. Sie holte tief Luft
und fing an: „Habt ihr schon mal gezählt, wie
viel Müll ihr jede Woche, jeden Tag verursacht?
Ich möchte euch heute zeigen, was der Müll
anrichtet und wie man auch ohne ihn leben kann."

Sie hielt die erste Zeichnung in die Höhe. Darauf

war ein prallgefüllter Müllsack zu sehen. „Ich habe ..." Sie musste sich räuspern. Sie schielte auf ihren Spickzettel, doch die Worte darauf schwammen herum, dass sie sie nicht entziffern konnte. Ihre Hände waren eiskalt. Schon war alles durcheinander! Sie hatte es ja geahnt. „Ich habe ...", setzte sie nochmals an. Doch vergeblich.

„Zeig uns doch endlich die Zeichnung vom Wal!", rief Hannah.

Lena blickte sie an mit einem großen Fragezeichen im Gesicht. Aber das war doch noch lange nicht an der Reihe! Hannah trat zu ihr, klaubte die Zeichnungen vom Boden, suchte das Walbild heraus und hielt es ganz weit nach oben. „Warum hast du einen Wal gezeichnet?"

„Ich ähm ...", jetzt herrschte in Lenas Kopf ein einziges Chaos.

Hannah nickte ihr aufmunternd zu und wiederholte ganz langsam, als wäre Lena schwer von Begriff: „Warum hast du einen Wal gezeichnet?"

„Weil ich ihn in Patrizias Laden entdeckt habe!" Aber das wusste Hannah doch! „Als wir zum ersten Mal miteinander dort waren, hat uns Patrizia erklärt, dass sie wegen der Wale ihr Geschäft eröffnet

hatte ..." Und dann erzählte sie einfach schön der Reihe nach, was in den letzten Tagen passiert war. Und sie stockte dabei kein einziges Mal! Sie präsentierte eine Zeichnung nach der anderen und fragte ihre Klasse jedes Mal: „Was seht ihr?" Diesen Trick hatte Hannah ihr beigebracht. Auf einer Zeichnung waren Zitronen in einem Plastiknetz zu sehen. „Das sind keine nackten Früchte!", rief Marie. Dann folgte die Zeichnung mit dem großen Korb und einem Bambus-Kaffeebecher. „Sind eure Eltern süchtig nach Kaffee?"

Ein paar Kinder verzogen das Gesicht, einige andere nickten grinsend.

„Halten sie nicht einmal eine kurze Fahrt mit der Bahn ohne Kaffee aus? Dann schenkt ihnen doch diesen schicken Becher. Er lässt sich wiederverwenden und der Kaffee bleibt darin sowieso länger warm als in einem Pappbecher!"

Als sie fertig war, schwiegen alle beeindruckt.

„Danke!", raunte sie Hannah zu. „Du hast mich gerettet!"

„Sehr eindrücklich", murmelte Herr Till. „Schade dass das nicht noch mehr Kinder gehört haben."

Lena schnitt eine Grimasse. Es waren wirklich mehr als genügend Kinder dabei gewesen.

„Der gibt dir sicher eine super Note", flüsterte Hannah in ihr Ohr, „ich habe ihn beobachtet: Er hat dir total fasziniert zugehört und auch die Klasse hat die ganze Zeit keinen Mucks gemacht. Ich glaube, sie waren ziemlich schockiert."

„Schrecklich!", rief Marie in diesem Moment.

„Alle müssen mit dem Plastik aufhören! Und zwar sofort!"

„Wie soll das gehen?", erwiderte Felix. „Wir können doch niemanden zwingen."

„Dann müssen wir halt vor jedem Supermarkt demonstrieren!", ließ Marie nicht locker. „Mit riesigen Schildern …"

Hatte Marie vergessen, wie viele Supermärkte es allein in ihrer Stadt gab? Das war doch ziemlich aussichtslos.

„Ist es nicht schon mal ein Anfang, wenn ihr heute

Abend mit euren Eltern darüber sprecht?", versuchte Herr Till die Kinder zu beruhigen. „Ihr seid 24 Kinder. Wenn 24 Kinder ihre Familien auf das Müllproblem aufmerksam machen, dann sind es schon bald über hundert Erwachsene, die sich mit dem Thema beschäftigen. 24 Familien, die anders – vielleicht sogar unverpackt – einkaufen."

Lena und Hannah zwinkerten sich zu. Typisch Herr Till, der musste jede Gelegenheit nutzen, um mit Zahlen irre Gedankenexperimente anzustellen!

„Du hast echt coole Eltern!", war Tim beeindruckt. „Meine Eltern würden bei so einem Experiment nie und nimmer mitmachen!"

„Meine auch nicht!", rief Marie.

Lena wollte erzählen, wie schwierig es gewesen war, ihre Eltern zu überzeugen, aber dann behielt sie es für sich. Vielleicht ließen sich die anderen Eltern einfacher für Plastikexperimente motivieren, wenn sie hörten, dass Lenas Eltern auch eingewilligt hatten.

„Lena kann doch so gut zeichnen!", sagte Marie plötzlich.

Hannah nickte zustimmend.

Lena wurde rot.

110

„Sie könnte doch für die Müllparty morgen ein grosses Bild malen", sagte Marie.

Lena sah sie verwirrt an: „Was für ein Bild?"

„Ein Bild von einer plastikfreien Welt!"

Felix runzelte die Stirn. „Aber du hast doch selber gerade gehört, dass ..."

„Ja eben", ließ sich Marie nicht von ihrer Idee abbringen, „deshalb müssen wir allen Leuten zeigen, dass es auch anders aussehen könnte."

„Eine positive Vision!", schlug Herr Till vor.

Lena konnte mit dem Wort nichts anfangen, aber sie hatte verstanden, was Marie meinte: „Ich soll eine Fantasiezeichnung machen?"

Marie nickte zustimmend. „Und wir helfen dir dabei!"

Gemeinsam ein Bild malen? Lena stellte sich das ziemlich chaotisch vor.

„Wir liefern dir ganz viele Ideen, von welcher Welt wir träumen", erklärte Marie, „und du machst eine Zeichnung davon."

„Du meinst, dass zum Beispiel in Zukunft alle ganz selbstverständlich ihre Stoffbeutel zum Einkaufen mitnehmen?", machte Hannah den Anfang.

„Ja", sagte Marie, „oder: auf die Bananen kommen

keine Sticker mehr, sondern ein Stempel."

„Alle bringen ihre Behälter in die Bäckereien und Metzgereien mit", meldete sich Nicole.

Lena hatte eine noch viel coolere Idee: „Viele feiern in ihrer Freizeit Tauschpartys!"

Hanna warf ein: „Und im Fernseher läuft eine neue Castingshow: Wer ist der beste Komposter?"

Alle lachten laut.

„In der Schule gibt es nur noch zwei Stunden Mathematik pro Woche", schlug Felix vor, „und dafür bekommen wir ein neues Fach: Ohne Plastik leben!"

Alle klatschten in die Hände.

Jetzt riefen die Kinder ganz viele Ideen durcheinander:

„Jeder hat ständig einen Becher, Teller und Besteck dabei. Falls er unterwegs Hunger oder Durst bekommt!"

„Eine neue Sportart ist total in: Wer kann am schnellsten Müll trennen?"

„Es gibt Kurse, wo Erwachsene lernen können, Zahnpasta selbst herzustellen."

„Wenn jemand in unser Land einreist, wird er am Zoll kontrolliert, ob er Plastik im Gepäck hat – das ist nämlich verboten!"

Lena nahm ihren Block aus dem Rucksack und begann, alle Ideen zu notieren. Dass sie bloß keine für ihre Zeichnung vergaß! Wie die Leute wohl auf dieses Bild reagierten?

114

Die Blumen im GUMMISTIEFEL

Ein solcher Lärm! Da musste man sich ja beinahe die Ohren zuhalten. Obwohl die Kinder so kurzfristig die Einladung zur Party verteilt hatten, herrschte im Schulhaus ein dichtes Gedränge. Eltern, Geschwister, Großeltern, niemand wollte sich diese besondere Party entgehen lassen. Man musste aufpassen, dass man sich in der Eingangshalle der Schule nicht auf die Füße trat. Patrizia war auch da. Als sie in der Menge Lenas Eltern entdeckte, ging sie sofort zu ihnen und begrüßte sie. „Ist es nicht beeindruckend, was die Kinder auf die Beine gestellt haben? Die öffnen uns Erwachsenen die Augen!"

Lenas Mama fühlte sich fast wie ein Star. Einige Mütter und Väter wollten mit ihr reden und von ihr hören, wie sie Lenas Experiment erlebt hatte. Als ihr eine Mutter Komplimente machte, dass sie zum Experiment Ja gesagt hatte, wurden ihre Wangen rot.

„Ich habe ja einiges erwartet, aber ich hätte nie gedacht, dass das eine so aufregende Woche wird", gestand Mama. „Das war wirklich eine tolle Idee!"

Vor ein paar Tagen hatte das aber noch ganz anders geklungen!

Papa zwinkerte Lena zu.
Renata war mit Molly gekommen. Die stand vor dem Müllberg und bellte ihn empört an.

Der Müllberg war seit gestern ein bisschen geschrumpft. Am Vormittag hatten die Kinder mit Patrizias Unterstützung aus einigen Verpackungsmaterialien etwas Neues gebastelt: Sie hatten einen gelben Regenstiefel mit Erde gefüllt und

Margeriten hineingepflanzt, eine Kartonrolle, in den vorher Chips gewesen waren, war jetzt schön bemalt, sodass man sie als Geschenkdose verwenden konnte. Aus einem Stück Plane hatte jemand eine witzige Geldbörse genäht.

„Einfach überraschend, was man da alles machen kann", sagte Lenas Mama. Sie ließ den bepflanzten Regenstiefel keine Sekunde aus den Augen. Den wollte sie unbedingt mit nach Hause nehmen!

„Es gibt noch viel mehr Möglichkeiten!", erklärte Patrizia, „ich kann dir das gerne mal zeigen."

„Auf jeden Fall!", rief Mama sofort.

Neben dem Müllberg stand Felix und hielt ein Schild in die Höhe: „Müll-Selfie: Kostenlos!" Einige Kinder und Jugendliche standen Schlange. Sie wollten sich unbedingt mit dem Müllberg ablichten lassen. „Ihr müsst dabei aber ein ganz ernstes Gesicht machen", schärfte er ihnen immer wieder ein.

Aber etwas interessierte die Gäste noch viel mehr: Lenas Zeichnung.
Das Bild trug den Titel: „Von dieser Welt träume ich".
„Das müsst ihr euch unbedingt ansehen", forderte Patrizia jeden auf, der in ihre Hörweite kam.
„Dieses Bild ist echt abgefahren, das hänge ich morgen gleich in meinem Laden auf."
Viele blieben lange vor dem Bild stehen und betrachteten es nachdenklich. Einige Ideen, die Lena gezeichnet hatte, klangen vielleicht verrückt, aber das Bild zeigte etwas deutlich: Eine Welt ohne Plastik und mit ganz wenig Müll war möglich!

Lena und Hannah setzten sich auf die oberste Treppenstufe. Von hier hatten sie all die Menschen bestens im Blick.
„Ich wäre auch gerne so mutig wie du!", sagte Lena zu Hannah.

Diese sah sie erstaunt an. „Was meinst du?"
„Der Müllberg ...", murmelte Lena, „ich habe schon längstens geschnallt, wer das ausgeheckt hat."
Hannah grinste. „Dabei habe ich alles getan, um

nicht aufzufliegen." Sie erzählte, dass sie heimlich Patrizia besucht und um Hilfe gebeten hatte.

„Zuerst wollte ich einen YouTube-Kanal eröffnen. Aber wenn einem nicht gleich etwas total Irres einfällt, schaut kaum einer das Video an. Die Idee mit dem Flugblatt und dem Müllberg stammte von Patrizia. Wie dir hat mir die Sache mit dem Wal einfach keine Ruhe gelassen. Und da die Leute in unserer Klasse einfach nicht begriffen haben, wie ernst die Sache mit dem Plastik in den Meeren und Ozeanen ist, wollte ich ihnen einen Denkzettel verpassen. Aber bitte ja nicht weiter-sagen!"

„Na logo!"

„Und wie läuft es mit deinem Experiment?"

Das Experiment! Vor lauter Vorbereitungen auf die Müllparty hatte sie gar nicht mehr daran gedacht! Sie zählte durch: „Jetzt ist die Woche ja schon vorbei."

„Glückwunsch, dann hast du die Wette gewonnen." Lena nickte. Doch eigentlich war das gar nicht mehr so wichtig. Sie rief sich in Erinnerung, wie viel in dieser Woche passiert war: Sie hatte drei neue Freundinnen gefunden – Patrizia, Renata und Molly.

Auch nach diesem Experiment wollte sie mit ihnen viel Zeit verbringen. Sie hatte viele neue Ideen kennengelernt. Ihr Referat hatte sie total viele Nerven gekostet, aber es war gut angekommen. Und dann die witzigen Basteleien von heute Morgen und jetzt dieses Fest – ohne Experiment hätte sie all das nie erlebt. Und das alles in einer einzigen Woche!

„Lebt ihr jetzt komplett verpackungsfrei?"

Nein, so weit waren sie noch nicht. Sie hatte in den letzten Tagen jeden Morgen den Mülleimer kontrolliert: Auch nach einer Woche war er kaum bis zur Hälfte gefüllt. Und sonst schafften sie locker zwei Säcke pro Woche!

„Ich hätte nicht erwartet, dass ich in dieser Woche so viele Abenteuer erlebe", sagte Lena. „Und das Beste: Mama hat heute Morgen angekündigt, dass sie auch in Zukunft bei Patrizia einkaufen will. Das Experiment geht weiter!" Noch etwas war ihr bewusst geworden: Ganz allein auf Plastik zu verzichten, war so was von kompliziert. Wenn man sich mit anderen zusammentat und sich gegenseitig Tipps gab, machte es viel mehr Spaß und es fielen einem noch viele weitere Ideen ein, wie man umweltfreundlicher leben konnte. Ohne die Unterstützung von all den vielen Menschen hätte Lena wohl schon am zweiten Tag aufgegeben!

Sie betrachtete die Kinder, die für das Müllberg-Selfie anstanden. Etwas beschäftigte sie noch immer: Auch wenn sie auf Plastik verzichteten, wie viel brachte das tatsächlich? Sie waren ja nur eine Familie von ganz vielen! Während sie sich bemühten, lebten die anderen weiter wie bisher, füllten die Abfallsäcke mit Tonnen von Kunststoffverpackungen.

„Ach Quatsch!", sagte Hannah. „Du hast mit deinem Experiment so viele beeindruckt: deine Eltern, mich, deine Klasse. Mit diesem Fest und mit deiner Zeichnung bringst du viele zum Nachdenken. Auch wenn du nur für ein paar Menschen ein Vorbild bist, vielleicht beeindrucken die wiederum ein paar andere und so geht das immer weiter. Und eines Tages ... War das nicht auch schon bei vielen anderen Dingen so? Jemand muss anfangen."

Sie lächelte Lena aufmunternd zu.

Eines stand für Lena definitiv fest: Sie würde von jetzt an immer darauf achten, mit möglichst wenig Verpackung auszukommen. Das Leben ohne Müll war viel aufregender. Vielleicht machten das auch einige andere aus ihrer Klasse und ihrer Schule. Und vielleicht schwammen irgendwann alle Wale und Fische wieder glücklich durch die Ozeane. Sie nahm den Zeichenblock und die Farbstifte aus ihrem Rucksack. Dieses besondere Fest musste sie unbedingt festhalten.

INFO-material

Plastiksäcke, Schuhe, Verpackungsmaterialien: 86 Millionen Tonnen Plastik schwimmt in unseren Meeren – und täglich kommt noch mehr dazu.

626 Kilogramm Abfall produziert jeder Mensch in Deutschland pro Jahr. Eine gewaltige Menge! Auf der ganzen Welt bemühen sich die Menschen, andere für Verzicht auf Plastik zu motivieren.

Trotzdem gehen Forscherinnen und Forscher davon aus, dass es in den nächsten Jahren noch mehr Plastikabfall geben wird. Hast du dir schon mal überlegt, wo überall Plastik drin ist? Notiert in eurer Familie eine Woche lang in einer Liste, wo ihr überall Plastik begegnet!

Manchmal braucht es gar nicht viel, um Plastikabfall zu reduzieren:
Greife beim Einkaufen bewusst zu Lebensmitteln,
die am wenigsten Verpackung haben – oder vielleicht sogar gar keine!

Setze auf Behälter, die du immer wieder verwenden
kannst, wie zum Beispiel eine wiederverwendbare
Stofftasche oder Sportflasche!

Das Tolle: Eine eigene Flasche lässt sich auch nach
Wunsch verzieren oder bemalen.

Lena hat gemeinsam mit ihrer Klasse einiges erreicht.
Sammle mit deiner Klasse Ideen: Was könnt ihr
tun, um Plastikmüll zu reduzieren? Wie könnt
ihr andere Menschen motivieren, auf Plastik zu
verzichten?

Autor

Stephan Sigg, geb. 1983, lebt in St. Gallen (Schweiz). Er ist Theologe, Journalist und Autor. Er schreibt Bücher für Kinder, Jugendliche und Erwachsene. Das Thema Plastikvermeidung ist ihm persönlich sehr wichtig. Da er gerne Cappuccino trinkt, hat er seit vielen Jahren ständig seinen wiederverwendbaren Kaffeebecher dabei.

www.stephansigg.com